UN MOT

SUR

LA SITUATION

DU PARTI CONSERVATEUR

UN MOT

SUR

LA SITUATION

DU PARTI CONSERVATEUR

LETTRE POLITIQUE A M. X***

ANCIEN DÉPUTÉ

PARIS

E. DENTU, LIBRAIRE-ÉDITEUR

PALAIS-ROYAL, 15-17-19, GALERIE D'ORLÉANS

1878

UN MOT

LA SITUATION

DU PARTI CONSERVATEUR

MON CHER AMI,

Ne croyez-vous pas que celui-là rendrait au sens commun politique un bien grand service, qui, sans passion, sans colère, sans rancune personnelle, rétablirait, avec la vérité des faits, la logique et l'enchaînement irrésistibles des choses, dans l'histoire de la défaite du parti conservateur.

J'ignore si quelque plume habile et autorisée entreprendra cette tâche, à un moment où il serait si opportun de ramener au sentiment vrai de la situation tant de jugements égarés. Quant à moi, je ne peux, pour répondre à votre désir, que vous livrer mes impressions telles quelles.

La défaite éclatante du parti conservateur, tel est le fait indiscutable que nous avons sous les yeux. Que cette défaite ait été l'épilogue de la pleine possession du pouvoir par les conservateurs, pendant plusieurs années, voilà un autre point non moins indéniable. J'ai souvent entendu dire, par des politiques de la vièille école, que le pouvoir n'est jamais perdu que par le fait de ceux qui l'ont en mains. C'est aussi mon humble avis. Mais, en admettant que cette formule soit trop absolue, il faut, cependant, convenir que, lorsqu'un gouvernement tombe, ses fautes entrent bien pour quelque chose dans sa chute. Certains hommes professent l'idée singulièrement fausse, et qui, malheureusement, a trop facilement cours, que c'est jeter la division et semer des causes d'affaiblissement dans le sein d'un parti que de relever les erreurs commises. Mieux vaut, disent-ils, fermer les yeux sur ces erreurs, proclamer bien haut que l'on ne s'est pas trompé et accuser la fatalité des circonstances. Mais, en même temps que l'on ne trompe personne, on ne répare rien par de telles défaillances, car on voit les hommes néfastes, dont les inepties accumulées ont créé une situation presque désespérée, passer, la tête haute, en attendant l'occasion de ressaisir le pouvoir qu'ils ont perdu, pour le perdre de nouveau, par les mêmes fautes, au risque d'entraîner avec eux, dans une chute finale, la nation elle-même.

Mieux vaut donc la vérité impartiale et désintéressée.

Au moment où M. Thiers abandonnait le pouvoir, le 24 mai 1873, ceux qui s'y installaient se trouvaient en présence d'une lourde succession. Ils l'abordèrent, il faut le dire, avec une assurance et une désinvolture qui ne trahissaient pas la moindre appréhension. Bien plus, jouant avec les difficultés de la situation, ils allaient, par le premier acte de leur prise de possession, singulièrement les aggraver.

Mais permettez-moi d'ouvrir ici une courte parenthèse.

———————

Personne, assurément, ne contestera que la Chambre de 1871 n'eût le droit de rétablir la Monarchie.

En ajournant l'exercice de son pouvoir constituant, en consentant la trève de Bordeaux, en acceptant que le gouvernement, qui eût pu ne recevoir qu'un titre indéterminé, affectât la forme républicaine, incompatible avec ses desseins ultérieurs, la majorité royaliste avait fait un acte rare de condescendance vis-à-vis du parti républicain. Lorsque l'insurrection du 18 mars fut définitivement écrasée, cette majorité avait le droit de se souvenir des épisodes sanglants des deux premières Républiques, et, en présence des horreurs auxquelles elle venait d'assister sous la troisième, elle pouvait penser que cette forme de gouvernement était décidément incompatible avec la sécurité du pays. Cependant, deux années s'écoulèrent, encore, sans aucune tentative de restauration monarchique.

Si la majorité eût été conduite par des hommes résolus et doués de quelque clairvoyance politique, le 24 mai offrait une occasion unique de réparer le temps perdu.

La Monarchie pouvait être votée à l'instant, sans que l'on s'arrêtât à des pourparlers inopportuns, sans même que l'on se préoccupât du monarque. Et il ne viendra, assurément, à l'idée de personne de prétendre que si, le 25 février 1875, la République a pu être légalement constituée, à une voix de majorité, la Monarchie l'eût été illégalement, deux ans plus tôt, par une majorité de cinquante ou soixante voix.

La Monarchie pouvait donc être immédiatement votée ; et, si elle l'eût été, que l'on n'en doute pas, personne n'eût bougé.

Ce conseil du vote immédiat fut inutilement donné, hors du Parlement, à divers membres de la majorité, grisés par ce qu'ils croyaient leur triomphe final et qui ne voulaient rien entendre. Il fut renouvelé, vous vous en souvenez, après le rapprochement du 5 août, et voici, sinon les termes textuels, du moins le sens rigoureusement exact des paroles qui furent, alors, prononcées par un homme de grand sens politique, dans le cours d'une conversation à laquelle vous et moi avons assisté.

Le personnage en question, royaliste sincère que certaines désillusions avaient amené à décliner toute participation active aux choses de son parti, s'exprimait ainsi :

« Tout va être de nouveau compromis si vous ne pro-
» fitez pas de l'occasion qui se présente, une dernière fois,
» de faire la Monarchie. Le manifeste du drapeau, de
» 1871, avait empêché une première tentative de fusion.
» La fusion est faite, aujourd'hui. Il faut brusquer les
» choses, car si un nouveau manifeste nous arrive de
» Frohsdorf, tout est perdu. Donc, pas de discussion
» byzantine, pas d'hésitation. Une majorité est là ; qu'elle
» vote purement et simplement la Monarchie. Il sera
» temps, ensuite, de s'entendre sur les conditions et de
» proclamer le monarque. »

C'était là un langage éminemment pratique. Dans la pensée de celui qui le tenait, il importait, avant tout, de vaincre, par une prompte décision, par le fait accompli, en quelque sorte, les hésitations de M. le comte de Chambord, et de rendre difficile, sinon impossible, de sa part, après le premier manifeste du drapeau, quelque nouvel acte grave de nature à compromettre, sans retour, la situation. Notre interlocuteur voyait dans l'auguste chef de la maison royale de France, plus d'un trait de ressemblance avec le roi Louis XVI : une piété très-sincère, une belle intelligence, de l'énergie et de l'activité dans tous les actes de la vie privée. Mais, de même que chez

Louis XVI, lorsqu'il s'agissait de transporter cette énergie et cette activité sur le terrain de l'action politique, il avait cru remarquer chez le petit-fils de Charles X, les mêmes hésitations, la même irrésolution. C'est ainsi qu'il avait laissé passer les journées de Février, l'insurrection de Juin, le 2 Décembre, l'Empire, la Commune, sans donner signe de vie autrement que par des manifestes qui ne pouvaient pas avoir la moindre prise sur le cours des événements.

Il apparaissait donc clairement que la seule chance qui restât à la majorité de faire la Monarchie était de la voter, sans pourparlers ni discussions préalables. Dans ce cas, le chef de la branche aînée n'eût, sans doute, pas voulu exposer le pays aux redoutables conséquences d'un refus du pouvoir, et, dans l'hypothèse, improbable, où il eût mis à l'acceptation de la couronne des conditions inopportunes, il n'eût pas été impossible d'aviser à la solution pratique de la question. Les événements ultérieurs n'ont que trop justifié cette manière de voir, ces prévisions et ces craintes, qui, partagées par quelques membres de la majorité, restèrent, en définitive, sans écho. Vous savez ce qui advint des tentatives engagées dans des conditions tout autres. Inutile d'insister sur des faits qui ont eu un si triste retentissement.

Il est une vérité dont les événements auraient dû faire, depuis longtemps, pénétrer l'évidence dans l'esprit des hommes d'État, c'est que, si les populations sont portées à une résistance mêlée d'une sorte de mépris vis-à-vis des gouvernements faibles, elles acceptent et respectent, bien plus qu'elles ne les subissent, les gouvernements forts. Si, dès le principe, les hommes du 24 mai avaient, par de promptes et énergiques décisions, nettement affirmé leur ligne de conduite, en même temps qu'ils eussent conjuré bien des difficultés, ils se fussent assuré une autorité qui leur a constamment fait défaut. En s'empressant d'annoncer aux trente-sept mille communes du territoire que rien ne serait changé aux institutions existantes, outre qu'ils s'enfermaient dans une impasse, ils commirent, vis-à-vis du parti républicain, un acte de faiblesse que des actes de contradiction, de provocation, par conséquent, allaient nécessairement suivre. Provocation et faiblesse, de la provocation toujours, de l'énergie réelle jamais, tel a été, en effet, le caractère dominant du gouvernement du 24 mai. Sa première et plus grande préoccupation, après une déclaration ferme et défiant toute équivoque, eût dû être de faire, avec justice et circonspection, les remaniements indispensables dans le personnel de l'administration, et d'assurer à ce personnel, définitivement constitué, le prestige, l'autorité et l'influence nécessaires, toutes choses qui ne s'acquièrent, indépendamment du mérite des fonctionnaires, que par la fixité et la sécurité des fonctions. L'administration a, en effet, une influence considérable sur la marche, bonne ou mauvaise, sur la popularité ou l'impopularité d'un gouvernement. Les populations départementales, qui vivent loin des hautes régions du pouvoir, ne le jugent que d'après les représentants qu'il leur envoie. Elles les estiment généralement à leur exacte valeur et se montrent, d'ordinaire, si justes dans leurs appréciations, à cet égard, que le gouvernement se tromperait rarement, s'il apportait, dans les siennes, le même bon sens et le même discernement.

Un homme laborieux, versé dans toutes les matières d'administration, ne laissant jamais languir aucune affaire, toujours prêt à éclairer ses administrés sur leurs intérêts et à faire droit à leurs réclamations, avec impartialité et sans distinction de personnes, sera, après un certain temps de résidence, en possession d'une influence telle que l'on peut affirmer, sans trop de présomption, que, dans son ressort, les élections se feront, tout naturellement, sans aucune pression, dans le sens du gouvernement qui aura choisi un pareil fonctionnaire et l'aura soutenu et maintenu. Et ne voyons-nous pas siéger, dans les deux Chambres, plusieurs anciens préfets qui ne doivent leur mandat qu'à l'influence que leur ont conservée, bien des années après la cessation de leurs fonctions, les souvenirs d'une longue et bonne administration.

Sur la question si grave du personnel administratif, le gouvernement du 24 mai, il n'est que juste de le reconnaître, n'avait qu'à suivre l'exemple de M. Thiers. Sous sa présidence, en effet, la sécurité des fonctionnaires, des fonctionnaires conservateurs surtout, avait été complète. Chacun se souvient des quelques noms qui furent alors atteints par des révocations. M. Thiers, cela est absolument incontestable, n'a jamais laissé destituer un seul conservateur, même parmi ceux qui étaient le plus violemment attaqués par les journaux de la gauche.

Le premier président de la République a été souvent jugé avec une passion aveugle par ses adversaires politiques. Mais, malgré les erreurs qu'il a pu commettre, on ne peut pas ne pas reconnaître qu'avant tout il était resté homme d'État consommé. Il savait qu'en matière d'administration et de gouvernement, il y a des principes dont on ne s'écarte pas impunément, certaines règles de tous les temps qui n'ont pas varié depuis Richelieu, Mazarin et Colbert, et l'on ne parviendra pas à citer une seule grande question dans laquelle il s'en soit écarté.

Quant aux hommes du 24 mai, ils se préoccupèrent peu d'obéir à des règles quelconques. Dès le lendemain de leur installation, ils procédaient à un travail de bouleversement. Les destitutions commençaient, pour être poursuivies, sans relâche, jusqu'au 10 mars 1875, tenant tous les fonctionnaires sous le coup d'une menace continue.

Cependant les élections partielles se succédaient. Elles avaient naturellement lieu dans les conditions les plus défavorables pour le parti conservateur; car, en présence d'une administration à laquelle un système de mobilisation perpétuelle enlevait toute autorité et toute influence, d'une Chambre où les divisions s'accentuaient de plus en plus, et qui, incapable de rien fonder, ne laissait percer, à travers ses hésitations, d'autre volonté arrêtée que d'empêcher l'établissement de la République, le parti républicain, loin d'être affaibli, se sentait fortifié par l'ardeur que les populations apportaient dans la lutte, pour affirmer leur adhésion à une institution qu'elles voyaient toujours en question et croyaient toujours menacée.

La victoire restait donc généralement aux adversaires du gouvernement, et chaque scrutin emportait un lambeau de la majorité.

La loi du 20 janvier 1874, vulgairement connue sous le nom de Loi des maires, allait encore envenimer la situation. Une idée vraiment étrange venait de germer dans les hautes régions du pouvoir. Il suffisait, croyait-on, de destituer le maire et les adjoints d'une commune pour leur enlever le crédit et l'influence dont ils disposaient, et les transporter, *ipso facto*, à leurs successeurs, quels qu'ils fussent, même aux plus impopulaires et aux plus impuissants à obtenir de leurs électeurs le simple mandat de conseiller municipal.

En administration, de pareilles bévues ne se commettent pas impunément.

On ne se trouvait plus en présence de la théorie trèssoutenable de la nomination directe des municipalités par le gouvernement, théorie dont l'application sérieuse et circonspecte peut produire de très-bons résultats, mais bien d'un instrument de passion politique. Il est juste toutefois de rappeler que, dans le cours de l'application de la loi, plusieurs administrateurs firent de généreux efforts pour empêcher certains remaniements par trop dangereux. Mais ils ne parvinrent qu'à se rendre suspects et à ébranler leur propre situation. Les changements introduits dans les municipalités se firent, à peu près partout, avec une passion irréfléchie, et, en attendant l'effet qu'ils devaient produire sur les élections générales, ils influèrent, dans un grand nombre de cantons, d'une manière nettement hostile, sur le renouvellement des conseils généraux.

Après le vote du 17 mai 1874, que je ne fais que rappeler, pour éviter d'articuler aucun nom propre, le vertige paraît s'emparer du pouvoir. Non-seulement on ne cherche pas à prévenir la déroute finale du parti conservateur, mais il semble que l'on veuille la précipiter par tous les moyens possibles. Les propositions de loi se succèdent et se contrarient en tous sens ; et pendant que, chez les républicains, la discipline est parfaite, une majorité désormais sans cohésion, sans entente, sans direction, abandonne tout au hasard. Tout à coup, un choix des plus étranges, pour le plus important des portefeuilles, choix qui laissa supposer, un instant, que l'on avait rencontré partout des refus, vient accroître le désordre et la confusion. C'est une lutte, non plus contre le parti républicain, mais bien contre le bon sens, qui va se poursuivre. Jusque-là, les fonctionnaires conservateurs avaient joui d'une sécurité relative.

C'est, maintenant, dans leurs rangs que les révocations vont faire des vides. Plusieurs fonctionnaires républicains, dont on peut retrouver les noms dans les cadres de l'administration préfectorale actuelle, restaient encore debout. Ils furent sauvés par l'acharnement que l'on mit à poursuivre des conservateurs dont les services, la valeur, les habitudes laborieuses étaient considérés comme autant de titres à une disgrâce, dès l'instant qu'ils paraissaient ne pas mêler à leur administration les passions qui s'agitaient en certain lieu.

Vainement divers membres de la majorité, en présence de ce fait renversant d'un chef de corps qui commande le feu sur ses propres troupes, font parvenir à qui de droit les avertissements les plus pressants sur les conséquences désastreuses de ce système insensé : le trouble dans les esprits, la désorganisation partout, les populations se détachant chaque jour d'un gouvernement qu'elles ne peuvent plus prendre au sérieux. Vainement ils prédisent que, dans le nombre des fonctionnaires conservateurs arbitrairement frappés, il s'en rencontrera qui ne résisteront pas à la tentation naturelle d'une vengeance facile. On va jusqu'à désigner tels députés, appartenant aux groupes de droite, dont la situation politique sera brisée, aux prochaines élections, au profit de tels membres de l'administration injustement atteints. Les révocations se poursuivent, pour n'être interrompues que par le vote du 25 février.

A peine est-il besoin de rappeler que les prédictions se réalisèrent de point en point.

La confusion était à son comble à l'avénement du ministère du 10 mars. Si les hommes qui en faisaient partie ne furent ni très-habiles, ni très-heureux, il est juste de reconnaître que leur attitude fut, du moins, empreinte de dignité et qu'ils firent de sérieux efforts pour débrouiller le chaos et rendre une allure régulière aux services publics. Le nouveau cabinet s'empressa, notamment, de condamner, ouvertement, des agissements ineptes, en affirmant, dans une déclaration lue à la tribune, « que le personnel administratif serait, désormais, énergiquement protégé, encouragé, soutenu ».

Mais le mal était irréparable.

Déjà les populations se préparaient à la grande lutte électorale, sous l'influence d'un courant dont les dernières modifications ministérielles n'avaient pu modérer la violence, car, au fond, la situation restait la même : un gouvernement hostile à la république, et encore plus désarmé qu'auparavant, vis-à-vis des républicains, depuis le vote de la constitution républicaine.

On arrivait à ce moment où l'équipage n'est plus maître du navire, qu'une suite de mauvaises manœuvres a laissé courir sur les brisants.

Après les élections de 1876, les hommes qui s'étaient succédé au pouvoir, depuis le 24 mai, étaient définitivement jugés, et pas n'était besoin de la ridicule aventure du 16 mai pour prouver, plus surabondamment, leur inaptitude gouvernementale et leur impuissance à diriger les intérêts conservateurs. Les uns avaient fait preuve d'une insuffisance absolue, tandis que l'incontestable valeur des autres avait été neutralisée par une absence, accidentelle peut-être, mais manifeste de sens politique.

Après l'échec des tentatives de restauration monarchique, il ne restait qu'à s'occuper sérieusement des affaires du pays et à préparer, par une administration sage et éclairée, le succès du parti de l'ordre, aux élections futures. Ce succès eût été assuré par des fonctionnaires placés dans les conditions indiquées au cours de ce rapide exposé. Si, en effet, au lieu de faire de la mauvaise politique, l'on eût fait de la bonne administration, les populations, voyant leurs affaires conduites à leur satisfaction, eussent naturellement voté, sans que la moindre pression fût nécessaire, dans le sens du gouvernement. Mais, pour atteindre ce résultat, il eût fallu écarter, résolûment, du pouvoir certaines personnalités et recruter, parmi les hommes éminents et désintéressés qui se tenaient à l'écart et dont on ne rechercha jamais le concours, un personnel de gouvernement voué aux affaires et dégagé de tout esprit de parti.

Les prochaines élections sénatoriales laissent-elles subsister une lueur d'espoir? Les illusions seraient ici dangereuses. Depuis les élections du 30 janvier 1876, tous les conseils municipaux de France, la moitié des conseils généraux et des conseils d'arrondissement ont été renouvelés, et ces renouvellements se sont faits au profit de la gauche. En outre, il y aura, le 5 janvier 1879, un plus grand nombre de députés de la gauche qu'au 30 janvier 1876, appelés à voter dans les trente-six départements qui auront à renouveler ou à compléter leur effectif sénatorial.

Ainsi donc, à la suite des fautes, obstinément accumulées, de ceux qui l'ont représenté au pouvoir, le parti conservateur, débordé par le nombre, se trouve aujourd'hui placé sur le terrain électoral restreint, comme sur celui du suffrage universel, dans des conditions d'infériorité dont il n'est pas possible de prévoir la durée. Cependant, si désespérée que paraisse cette situation, le devoir commande de l'envisager sans faiblesse et d'aborder la lutte, résolûment, avec le sentiment de la possibilité de la défense.

Le Sénat, à l'heure présente, c'est le radeau de la Méduse. Il porte, qu'on ne l'oublie pas, les dernières épaves de la représentation conservatrice de la France.

Paris. Imp. Balitout, Questroy et C°, 7, r. Baillif.